Dieses Buch gehört:

_____

Alle Tipps und Informationen in diesem Buch
sind sorgfältig ausgewählt und geprüft.
Dennoch können weder Autorin noch Verlag
eine Garantie übernehmen. Eine Haftung für Personen-,
Sach- und Vermögensschäden ist ausgeschlossen.

5 4
ISBN 3-8157-2058-3
© 2001 Coppenrath Verlag GmbH & Co. KG, Münster
Illustrationen von Thea Roß
Redaktion: Susanne Tommes
Alle Rechte vorbehalten, auch auszugsweise
Printed in China

Kleine Reiter ganz groß

Sylvia von Heereman-Unterberg & Thea Roß

COPPENRATH VERLAG

Inhaltsverzeichnis

Ein Nachmittag auf der Pferdeweide 4

Was heißt wie beim Pferd? 5

Von Voll-, Warm- und Kaltblütern 6

Ponys 7

Schwarz, weiß, braun – so schön anzuschaun 8

Die „Abzeichen" der Pferde 9

Schritt, Trab und Galopp 10

Die Pferdesprache 12

Auf der Weide 14

Im Stall 15

Das haben Pferde zum Fressen gern 16

Putzen, striegeln, Hufe kratzen 18

Zeigt her, eure Hufe! 22

Wann der Tierarzt kommen muss 23

Was Reiter brauchen 24

So wird aufgesattelt 25

Und so wird aufgetrenst 26

Aufgesessen! 27

An der Longe 28

Allein losreiten – aber wie? 29

Deine erste richtige Reitstunde 30

Danke schön! 32

Die verschiedenen Reitweisen 34

Dein erster Ausritt 36

Ein lustiges Stallfest 38

Kleines Quiz für große Pferdefans 40

Liebe Pferdefreundin!
Lieber Pferdefreund!

Hast du schon einmal an einem Weidezaun gestanden, den grasenden Pferden dort zugesehen und dir gewünscht die großen Tiere genauer kennen zu lernen? Dieses Buch verrät dir jede Menge Wissenswertes über große und kleine Pferde, über ihre Sprache und ihren Körperbau. Außerdem erklärt es dir Schritt für Schritt, wie du dich den Tieren näheren und sie streicheln kannst, was du beim Putzen und Pflegen beachten musst, wie du in den Sattel kommst und vieles mehr.

Frag doch mal in deiner Klasse nach, wer einen Reiterhof kennt und ob du mal mitkommen darfst. Gemeinsam mit anderen Kindern schließt du Freundschaft mit den Pferden und nimmst vielleicht sogar deine erste Reitstunde.

Dieses Buch begleitet dich dabei und macht Lust auf mehr. Wer weiß: Wenn du viel trainierst, kannst du möglicherweise bald über eine Wiese galoppieren oder auf einem Turnier dein Können unter Beweis stellen.

Viel Spaß beim Lesen und Reiten und – wie es in der Reitersprache heißt – „Hals- und Beinbruch"!

Ein Nachmittag auf der Pferdeweide

Auf einer Pferdeweide gibt es viel zu sehen: zum Beispiel Fohlen (= Pferdekinder) und ihre Mütter, die Stuten. Die Pferdeväter heißen Hengste. Übrigens: Einen Hengst, der durch eine Operation unfruchtbar gemacht worden ist, nennt man Wallach.

Pferde sind Herdentiere. Die Herde bietet ihnen Schutz. Innerhalb der Herde gibt es eine feste Rangordnung. Ein Pferd ist das Leittier, nach dem sich alle anderen richten.

Ein Pferdealltag ist sehr friedlich. Gemächlich ziehen die Tiere umher und fressen Gras. Juckt ihnen das Fell, kraulen sie sich gegenseitig oder sie wälzen sich. Pferde dösen und schlafen gern, auch tagsüber. Meistens bleiben sie dabei stehen, manchmal legen sie sich hin.

Wenn es Streit gibt, schlagen die Tiere mit ihren Hufen nach hinten aus oder sie beißen.
Erschrecken sie sich, galoppieren sie weg.
Pferde sind Fluchttiere.

Was heißt wie beim Pferd?

Jeder Reiter sollte wissen, wie die einzelnen Körperteile des Pferdes heißen.
Hier das Wichtigste auf einen Blick:

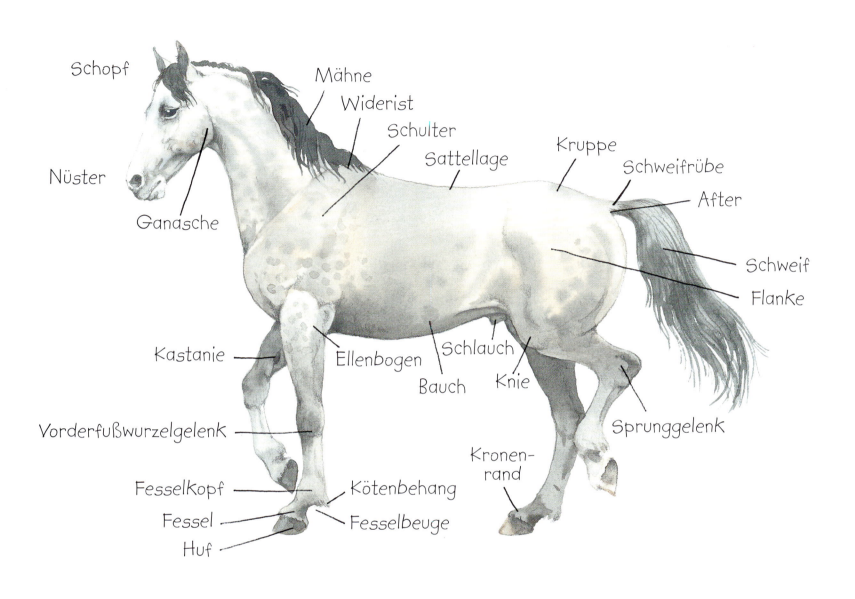

Halt mal dein Ohr an den Bauch eines Pferdes. Du wirst dich wundern, was darin los ist! Magen und Darm arbeiten auf Hochtouren und verdauen das Futter – ein gutes Zeichen.

Von Voll-, Warm- und Kaltblütern

Seit vielen hundert Jahren züchten Menschen Pferde. Dabei sind zahlreiche Rassen entstanden. Jede von ihnen hat eine bestimmte Aufgabe. Die Rassen werden in drei großen Gruppen zusammengefasst: Vollblüter, Warmblüter und Kaltblüter. Allerdings haben die Namen nichts mit der Körpertemperatur der Pferde zu tun. Vielmehr verraten sie etwas über ihr Temperament.

Vollblüter sind sehr schlank und lebhaft. Zu ihnen gehören die Rennpferde – auch die edlen Araber. Vollblüter haben einen leichten Knochenbau und sind sehr schnell.

Warmblüter sind ebenfalls sehr beweglich. Sie werden für das Dressur- und Springreiten gezüchtet. Außerdem können sie gut eine Kutsche ziehen.

Kaltblüter sind sehr groß und kräftig. Früher haben sie auf den Feldern den Pflug und in der Stadt den Bierwagen gezogen. Heute arbeiten sie im Wald und ziehen Baumstämme.

Ponys

Für deine ersten Reitversuche sind die meisten Pferde zu groß. Am besten versuchst du dein Glück zuerst auf einem Pony. Die Widerristhöhe von Ponys misst nicht mehr als 1,48 Meter. Damit du mit ihnen zurechtkommst, ist es wichtig, dass sie gut ausgebildet sind. Hier die bekanntesten Ponyrassen:

Norweger und **Haflinger** sind besonders gutmütig.

Das **Islandpferd** hat fünf Gangarten.

Das **Deutsche Reitpony** eignet sich für das Dressur-, Spring- und Vielseitigkeitsreiten.

Das **Dülmener Wildpferd** lebt in einer der letzten Wildbahnen Europas. Richtig wild ist es nicht mehr.

Shetlandponys sind mit einer Widerristhöhe von knapp einem Meter sehr klein.

Schwarz, weiß, braun – so schön anzuschaun

Pferde gibt es in vielen schönen Farben. Bei manchen Rassen kommen alle Farben vor, andere dürfen nur eine Farbe haben.

Ein **Schimmel** ist ein weißes Pferd. Es wird jedoch schwarz geboren und erst im Laufe seines Lebens weiß. In der Zwischenzeit nennt man es Apfel- oder Grauschimmel.

Ein **Rappe** hat schwarzes Fell, eine schwarze Mähne und einen schwarzen Schweif. Ein **Fuchs** heißt so, weil er wie ein richtiger Fuchs rotbraun ist. Seine Mähne und der Schweif sind ebenfalls rotbraun. Ein **Brauner** hat braunes Fell, aber seine Mähne, der Schweif und die Beine sind schwarz.

Ein **Schecke** ist entweder braun-weiß oder schwarz-weiß gescheckt. Ein **Falbe** ist beige mit schwarzer Mähne und schwarzem Schweif.

Die „Abzeichen" der Pferde

Auf den ersten Blick sehen die Pferde einer Farbe alle gleich aus. Doch kein Tier gleicht vollkommen dem anderen. Viele tragen seit ihrer Geburt unveränderliche „Abzeichen". Das sind weiße Haare über der Nase und an den Beinen.

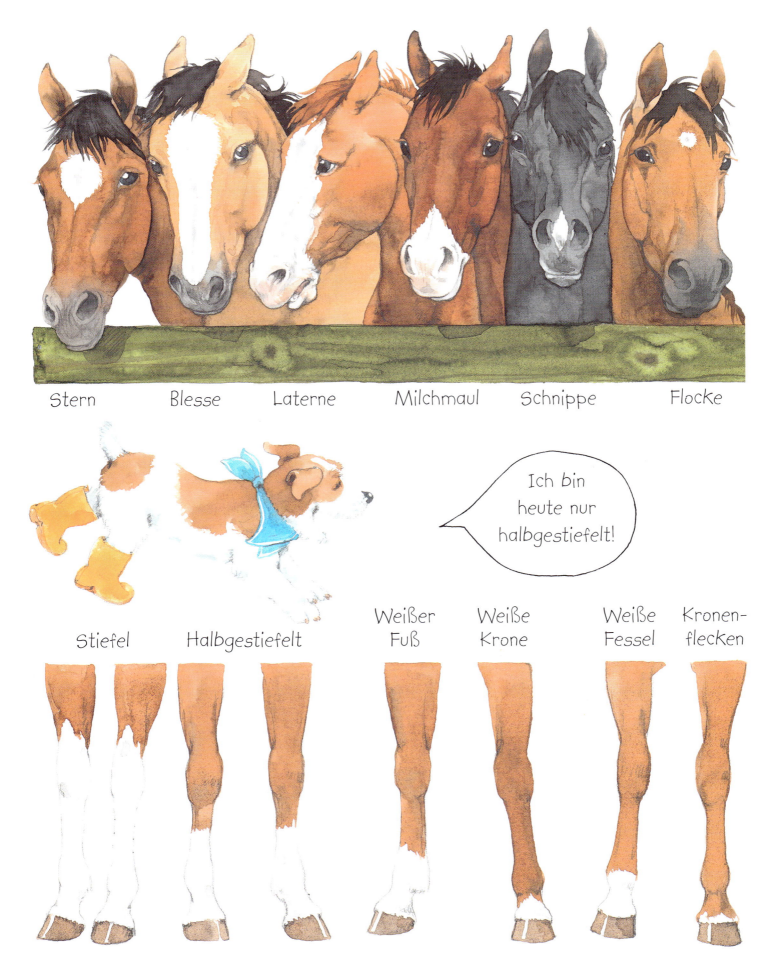

Schritt, Trab und Galopp

Pferde haben drei verschiedene Grundgangarten.

Der **Schritt** ist die langsamste Gangart.
Im Schritt gehen Pferde,
wenn sie auf der Weide
grasend umherziehen.

Der **Trab** ist schwungvoller.
Pferde laufen im Trab um
Artgenossen einzuschüchtern
oder um ihnen zu gefallen.
Außerdem eignet sich
der Trab für lange Strecken.

Der **Galopp** ist die schnellste Gangart
(auch die Fluchtgangart).
Im Galopp schafft ein Pferd
locker 60 Kilometer in der Stunde,
Rennpferde sind mit 80 Kilometern
pro Stunde noch schneller.

Zwei zusätzliche Gangarten haben die Islandpferde: den **Tölt** und den **Pass**. Beide sind für den Reiter sehr bequem, weil der Rücken des Pferdes nur ganz wenig nach oben oder unten schwingt.

Die Pferdesprache

Bevor du dich einem fremden Pferd nähern willst, frag am besten zuerst seinen Besitzer. Dann gehst du langsam von vorn auf das Tier zu und sprichst es mit ruhiger Stimme an. Beobachte das Pferd genau: Gesicht und Ohren verraten dir, was es von deinem Besuch hält.

Ein freundliches Pferd spitzt seine Ohren nach vorn. Wenn du willst, kannst du ihm vorsichtig deine Hand entgegenstrecken. Das Pferd wird sie neugierig beschnuppern und sich freuen, wenn du ihm an den Hals klopfst.

Ein ängstliches Pferd legt seine Ohren an, bläht seine Nüstern und macht die Augen weit auf. Nimm dir etwas Zeit und sprich mit ihm. Wenn es seine Ohren trotzdem nicht aufrichtet, geh weiter.

Ein dösendes oder müdes Pferd lässt seine Ohren zur Seite hängen und wackelt ab und zu mit ihnen. Seine Augen hält es dabei nur halb oder ganz geschlossen. Lass es in Ruhe.

Pferde drohen, indem sie ihre Ohren ganz flach nach hinten legen, ihr Maul öffnen und dabei die Zähne zeigen. Das sieht sehr gefährlich aus. Halte besser Abstand.

Auch mit seinem Körper und dem Schweif
zeigt dir ein Pferd ganz deutlich,
wie es sich gerade fühlt.

Wenn ein Pferd laut schnaubend umhertrabt,
Kopf und Schweif hoch erhoben hält und
die Nüstern bläht, ist es sehr aufgeregt.
Du solltest vorsichtig sein und versuchen
es mit deiner Stimme zu beruhigen.

Wenn es seinen Schweif locker hin- und herpendelt,
geht es ihm gut.

Wenn du sicher bist, dass sich das Pferd über
deinen Besuch freut, sprich weiter mit ihm und
kraule es auf der Stirn und zwischen den Ohren.
Das finden Pferde wunderschön. Manche mögen
das so gern, dass sie einschlafen.

Kraulst du meinen Bauch?

Auf der Weide

Auf der Weide fühlen sich Pferde am wohlsten. Dort haben sie viel Platz, Licht und frische Luft, können sich wälzen und mit ihren Artgenossen zusammen sein.

Wichtig ist, dass die Weide groß genug für einen flotten Galopp ist und nicht zu viele Pferde darauf gehalten werden, da sonst das Gras zertreten wird und nicht schnell genug nachwachsen kann.

Ein Zaun sorgt dafür, dass die Tiere nicht ausbüchsen. Er ist meist aus Holz gebaut, damit die Pferde ihn gut sehen können. Wenn es keine Schatten spendenden Bäume gibt, ist eine Schutzhütte notwendig.

Frisches Wasser finden die Tiere in einer Selbsttränke. Das ist ein kleines Wasserbecken. Während die Pferde trinken, läuft sofort frisches Wasser nach.

Manchmal entdeckst du an einem Zaunpfosten einen Salzleckstein, den der Pferdebesitzer dort aufgehängt hat. Er enthält viele wichtige Mineralstoffe für die Tiere.

Da Pferden das Gras in der Nähe ihres Kots nicht schmeckt, freuen sie sich, wenn du alle zwei bis drei Tage die Pferdeäpfel aufsammelst.

Im Stall

Im Stall hat jedes Pferd eine Box, die hell und groß genug sein sollte. Prima ist ein Fenster nach draußen oder eine geteilte Tür. So bekommen die Tiere frische Luft und können viel sehen.

Achtung: Pferde sollen nicht den ganzen Tag im Stall stehen. Sorge deshalb dafür, dass sie sich jeden Tag bewegen können und nicht allein sind.

Wenn dein Lieblingspferd gerade nicht da ist, kannst du seine Box ausmisten. Frag jedoch vorher den Stallbesitzer und zieh alte Sachen an.

Du brauchst:

Zuerst stellst du die Schubkarre vor die Box. Dann beförderst du mit der Mistgabel Pferdeäpfel und nasses Stroh in die Karre und fährst das Ganze auf den Misthaufen. Anschließend verteilst du das saubere Stroh und gibst frisches darüber. Danach reinigst du den Futtertrog und die Tränke mit der Bürste und dem Schwamm. Prüfe, ob das Wasser gut nachläuft. Im Winter kann es manchmal einfrieren.

15

Das haben Pferde zum Fressen gern

In freier Wildbahn suchen sich die Pferde ihr Futter selbst. Auf einem Bauern-, Pony- oder Reiterhof müssen die Menschen für das Futter sorgen. Es gibt drei Sorten:

Wichtig: Das Futter muss frisch sein. Verdorbenes Futter und schimmeliges Heu machen Pferde krank.

Jedes Pferd bekommt ein spezielles Futter. Je größer es ist und je mehr es arbeitet, desto mehr Futter benötigt es. Ein großes Pferd etwa, das täglich geritten wird, braucht jeweils fünf Kilogramm Hafer, Heu und Stroh. Ponys kommen mit weniger Kraftfutter aus. Je nach Bedarf gibt's zusätzlich etwas Saftfutter.

Achtung: Damit ein Pferd keine Kolik (= schlimme Bauchschmerzen, siehe Seite 23) bekommt, darf es nie zu viel gefüttert werden.

Diese Pflanzen sollte ein Pferd niemals fressen:

Goldregen	Lebensbaum	Eibe	Herbstzeitlose
Maiglöckchen	Tollkirsche	Fingerhut	Buchsbaum

Tipp: Hast du Lust, einen Reiterfreund zu überraschen? Dann verschenke selbst gemachte Pferdeleckerlis! Dazu brichst du Brot in kleine Stücke und schneidest Äpfel in Scheiben. Lass alles trocknen und fülle es in eine hübsche Tüte oder einen schönen Karton mit Schleife. Damit das Futter nicht verdirbt, sollte das Pferd es bald fressen.

Wenn du einem Pferd einen kleinen Leckerbissen anbieten willst, frag zuerst seinen Besitzer, ob es beißt. Wenn nicht, legst du das Leckerli auf deine flache Hand und hältst sie dem Pferd hin. Wichtig ist, dass alle Finger geschlossen sind und dein Daumen anliegt.

Tiere, die gut gefüttert werden, haben ein glänzendes Fell. Das gilt auch für Hunde.

17

Putzen, striegeln, Hufe kratzen

Pferde brauchen Pflege. Um Schmutz und Krabbeltiere loszuwerden wälzen sie sich auf dem Boden und scheuern sich an Bäumen. Im Stall geht das natürlich nicht. Darum müssen die Menschen diese wichtige Pflege übernehmen.

Wenn du ein Pferd putzen möchtest, frag zuerst den Stallbesitzer, ob er ein ruhiges, geduldiges Pferd hat, mit dem du üben kannst. Lass dir am besten von einem erfahrenen Reiter helfen.

Du brauchst:

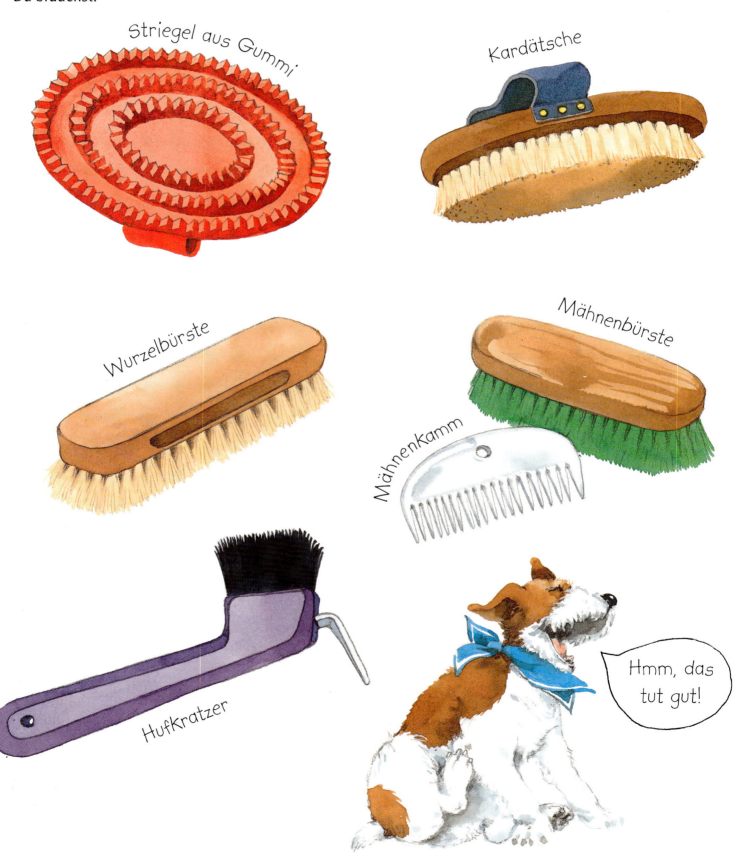

Bevor's richtig losgeht, hier wichtige Tipps auf einen Blick:

- Vermeide hektische Bewegungen und laute Worte. Sprich mit ruhiger Stimme zu dem Pferd. Dann weiß es, dass du ihm etwas Gutes tun möchtest.
- Nimm dir für die Pferdepflege viel Zeit. Denn mit ausgiebigem Putzen kannst du dir bei den Pferden schnell Freunde schaffen.
- Verwende ein Putzzeug-Set nur an einem Pferd, damit keine Krankheiten, zum Beispiel Pilze, übertragen werden.
- Halte beim Putzen immer eine bestimmte Reihenfolge ein. Dann vergisst du nichts.

- Beobachte das Pferd genau. Es zeigt dir, was ihm gefällt und was es nicht so gern hat. Wenn du Stellen putzt, an denen es zum Beispiel kitzelig ist, wird es unruhig und legt die Ohren an. **Vorsicht:** Es könnte auch nach hinten ausschlagen.
- Pass auf, dass das Pferd dir nicht aus Versehen auf die Füße tritt.
- Wenn du beim Putzen eine Verletzung, eine Entzündung oder eine geschwollene Stelle findest, gib sofort dem Besitzer oder dem Reitlehrer Bescheid!

Und so wird geputzt:

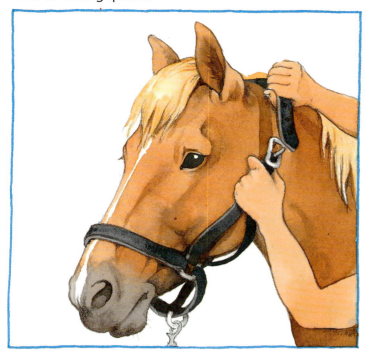
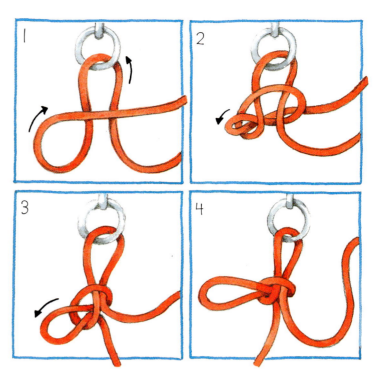

1. Zuerst ziehst du dem Pferd ein Halfter an. Am Halfter wird ein Strick befestigt. Daran führst du das Pferd in die Stallgasse.

2. Mit dem Strick wird das Pferd am Anbindering angebunden. Der Anbindeknoten ist sehr wichtig: Wenn das Pferd in Panik gerät, lässt er sich schnell mit nur einer Hand öffnen.

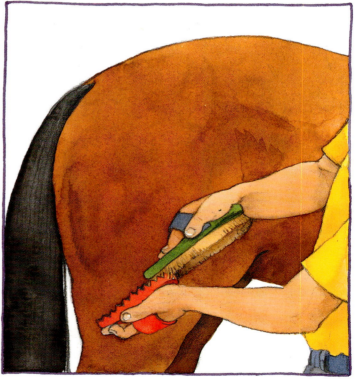

3. Nun stellst du dich neben die Schulter des Pferdes. Mit dem Striegel raust du das Fell an den weichen Körperstellen (Hals, Bauch ...) kreisförmig auf. Für die harten Körperstellen (die Beine) nimmst du die Wurzelbürste. Zum Säubern klopfst du Striegel und Bürste auf dem Boden ab.

4. Dann putzt du das Fell mit der Kardätsche blank. Um sie zu reinigen streichst du sie ab und zu über den Striegel.

5. Als Nächstes ist die Mähne an der Reihe. Langes, dichtes Haar bürstest du mit der Mähnenbürste. Für kurze, feinere Haare genügt der Mähnenkamm.

6. Dann siehst du nach, ob sich Stroh im Schweif verfangen hat, und entfernst es.

7. Zum Schluss kommen die Hufe dran. Es ist ganz wichtig, die Hufe vor und nach dem Reiten gründlich zu reinigen, damit sie von Schmutz und Steinchen keine Entzündungen oder Druckstellen bekommen. Stell dich mit Blick zum Schweif neben das Bein des Pferdes. Streiche mit der Hand an der Innenseite des Beines hinunter bis zum Fesselkopf. Lehne dich mit deiner Schulter etwas gegen das Pferd und sage deutlich: „Fuß!" Jetzt hebst du den Huf hoch und kratzt ihn aus.

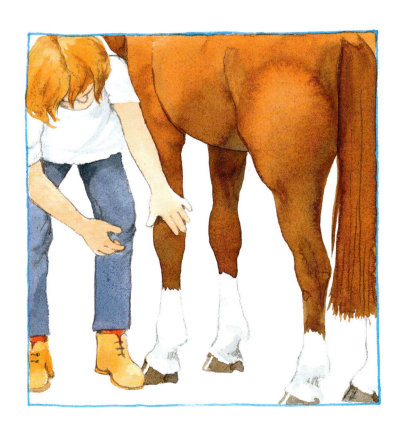

Und wer putzt mich?

Zeigt her, eure Hufe!

Wie unsere Fingernägel wachsen auch die Hufe der Pferde. Der Schmied schneidet überschüssiges Horn mit dem Hufmesser ab und feilt den Huf zurecht.

Wenn Pferde viel geritten werden oder oft auf Straßen traben müssen, können die Hufe nicht schnell genug nachwachsen. Darum bekommen solche Pferde vom Schmied Hufeisen.

Zuerst entfernt der Schmied die alten Hufeisen. Dann hält er das neue Hufeisen ins Schmiedefeuer, bis es glüht, und schlägt es auf einem Amboss in die richtige Form. Noch heiß passt der Schmied das Eisen dem Huf an. Dabei entsteht eine Rauchwolke. Zum Schluss wird das Hufeisen festgenagelt.

Und das alles tut dem Pferd gar nicht weh! Denn das Eisen wird an den leblosen Teil des Hufs geschlagen.

Tipp: Hufeisen sollen Glück bringen. Frag den Schmied, ob er dir ein altes Hufeisen schenkt. Das kannst du über deine Zimmertür hängen.

Wann der Tierarzt kommen muss

Verantwortungsvolle Pferdehalter rufen den Tierarzt regelmäßig, damit er alle Pferde gegen Husten und Tetanus impft und ihnen Medizin gegen Würmer gibt.

Um feststellen zu können, ob es deinen vierbeinigen Freunden gut geht, musst du sie gut beobachten. Wenn ein Pferd zum Beispiel lahmt oder nichts fressen will, sagst du das am besten gleich dem Reitlehrer oder dem Pferdebesitzer.

Gib ihnen auf jeden Fall sofort Bescheid, wenn ein Pferd auffallend unruhig ist, sich immer wieder wälzt und oft den Kopf zum Bauch hin wendet. Denn so verhält sich ein Pferd, das starke Bauchschmerzen hat, weil etwas in seinem Verdauungstrakt nicht stimmt. Fachleute nennen das Kolik.

In jeden Stall gehört eine Tafel mit den wichtigsten Telefonnummern (Tierarzt, Feuerwehr, Pferdebesitzer) und mit einem Hinweis, wo das nächste Telefon steht.

Was Reiter brauchen

Kappe — Stiefel — Reithandschuhe — oder — hohe Schuhe mit Absätzen

Für deine ersten Reitversuche brauchst du keine komplette neue Reitausrüstung. Wichtig ist jedoch eine gut sitzende Kappe mit Vier-Punkt-Befestigung, die deinen Kopf schützt. Reite niemals ohne Kappe! Außerdem brauchst du eine bequeme Hose, die keine Falten wirft. Und Schuhe, die über die Knöchel gehen und Absätze haben, damit sie nicht durch die Steigbügel rutschen. Am sichersten sind Stiefel. Dein T-Shirt oder Pullover sollte nicht zu groß sein. Denn sonst kann der Reitlehrer nicht sehen, ob du richtig im Sattel sitzt. Praktisch sind auch ein Paar Reithandschuhe, die es schon für wenig Geld zu kaufen gibt. All diese Sachen hast du entweder in deinem Kleiderschrank oder aber du leihst sie dir von Freunden. Denn erst, wenn du dich wirklich für den Reitsport entschieden hast, lohnt es sich, eine echte Reithose und Reitstiefel anzuschaffen.

In Reitsportgeschäften gibt's oft preisgünstig gebrauchte Reitsachen für Kinder.

So wird aufgesattelt

Lass dir beim ersten Mal von einem erfahrenen Reiter helfen. Du brauchst:

Satteldecke

Sattel und Steigbügeln mit Sattelgurt

Und so geht's:

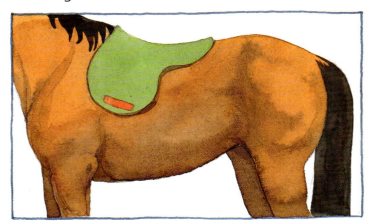

1. Zuerst legst du von links die Satteldecke auf den Pferderücken – ein Stückchen vor den Widerist. Dann schiebst du sie in die Sattellage, sodass alle Haare glatt unter der Decke liegen.

2. Als Nächstes setzt du – wieder von links – den Sattel auf die Satteldecke. Dabei liegt der Sattelgurt über dem Sattel. Die Steigbügel sind hochgezogen.

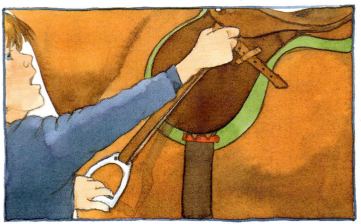

3. Dann lässt du auf der rechten Seite den Gurt herunter. Auf der linken Seite befestigst du ihn durch die Schlaufen der Satteldecke. Ziehe den Gurt so an, dass er nicht zu stramm sitzt, der Sattel jedoch nicht verrutscht.

4. Zum Schluss stellst du die Steigbügel auf deine Beinlänge ein. Der Steigbügelriemen sollte zwischen Schnalle und Steigbügelboden nicht länger als dein ausgestreckter Arm sein. Jetzt fehlt nur noch die Trense.

Und so wird aufgetrenst

Beim Auftrensen hilft dir sicher ein erfahrener Reiter.

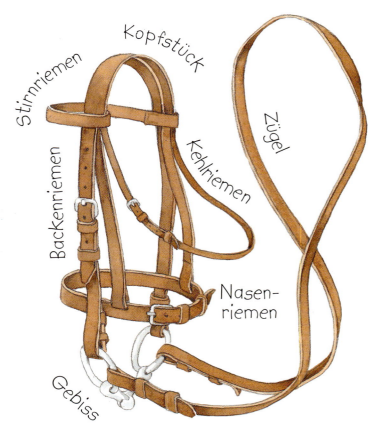

So sieht eine Trense aus.

1. Stelle dich links neben den Pferdekopf. Mit der linken Hand hältst du das Kopfstück der Trense fest. Mit der rechten Hand streifst du die Zügel über den Pferdehals. Dann führst du deinen rechten Unterarm unter den Ganaschen des Pferdes hindurch und übernimmst das Kopfstück der Trense aus der linken Hand.

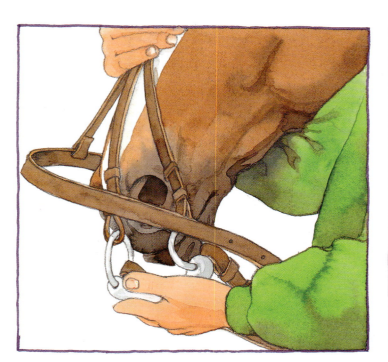

2. Nun schiebst du mit der linken Hand das Gebiss ins Pferdemaul. Wenn das Pferd sein Maul nicht von selbst öffnet, fasst du mit dem Daumen in die Maulspalte. Keine Angst, da sind keine Zähne!

3. Dann streifst du die Trense mit der rechten Hand über die Ohren. Anschließend holst du den Mähnenschopf unter dem Stirnband hervor.

4. Zum Schluss müssen Nasen- und Kehlriemen verschnallt werden – wie fest, das lässt du dir am besten von einem erfahrenen Reiter zeigen.

Aufgesessen!

Nun geht's zur Reitbahn! Führe dein Pferd auf deiner rechten Seite in die Mitte der Bahn. Dort überprüfst du gemeinsam mit deinem Reitlehrer, ob der Sattelgurt noch strammer gezogen werden muss. Reiter nennen das „nachgurten". Und so wird aufgesessen:

1. Stell dich mit deiner linken Schulter an die linke Schulter des Pferdes und blicke auf die Pferdekruppe. Mit deiner linken Hand hältst du beide Zügel und greifst vorn an den Sattel. Mit deiner rechten Hand drehst du den Steigbügel so, dass du mit deinem linken Fuß hineintreten kannst.

2. Dann greifst du mit der rechten Hand ans Sattelende. Jetzt stößt du dich mit dem rechten Bein ab und ziehst dich mit deinen Händen hoch.

3. Schwinge dein rechtes Bein über das Pferd und rutsche vorsichtig in den Sattel.

4. Dort sortierst du die Zügel und trittst einmal kräftig in den rechten Steigbügel, damit der Sattel richtig sitzt.

An der Longe

Deine ersten Reitversuche machst du an der Longe, einer langen Leine. Das Pferd läuft im Kreis um den Reitlehrer herum und hört auf seine Kommandos. Du brauchst dich nicht darum zu kümmern. Du achtest darauf, dass du aufrecht sitzt, dein Gleichgewicht hältst (ganz wichtig!) und dich den Bewegungen anpasst. Wenn es schon ganz gut klappt, werden die Steigbügel übergeschlagen.

Manchmal wackelt es ganz schön so hoch oben auf einem Pferderücken. Darum gibt's am Sattel einen kleinen Griff, an dem du dich festhalten kannst. Ziel ist es jedoch, möglichst unabhängig von den Händen zu sitzen. Denn später, wenn du die Zügel hältst, darfst du dich nicht an ihnen festhalten, weil das dem Pferd im Maul wehtun kann.

Wichtig ist, dass du deinen Kopf locker und gerade trägst. Schau nicht auf deine Hände und nicht auf den Boden. Das gelingt dir am besten, wenn du immer zwischen den Ohren des Pferdes hindurchsiehst.

Allein losreiten – aber wie?

Bestimmt möchtest du bald selbst die Zügel in die Hand nehmen. Das geht so:

 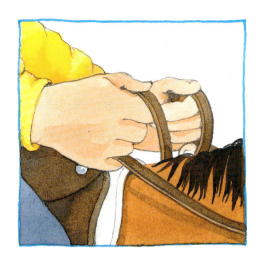

Die Zügel sollen zwischen deinem kleinen Finger und deinem Ringfinger in die Hand hineinlaufen und zwischen Zeigefinger und Daumen wieder hervorkommen. Dein Daumen liegt dachförmig obenauf. Achte darauf, dass du deine Handgelenke locker hältst – sie weder nach außen noch nach innen biegst.

Mit den Zügeln, deinen Schenkeln, deinem Gewicht und deiner Stimme teilst du dem Pferd mit, was es tun soll.

So reitest du los:
- Gehe mit beiden Händen Richtung Pferdemaul vor.
- Klopfe mit deinen Schenkeln an den Pferdebauch.
- Bleibe mit deinem ganzen Gewicht fest im Sattel sitzen.
- Sage kurz: „Komm!"

So hältst du an:
- Nimm die Zügel etwas näher zu dir heran.
- Bleibe tief im Sattel sitzen.
- Sage kurz: „Brrr!" oder „Haaalt!"

Und so reitest du nach links:
- Sieh zuerst nach links.
- Verlagere dein Gewicht auf die linke Seite.
- Schiebe dein rechtes Bein etwas nach hinten und dein linkes etwas nach vorn.
- Gehe mit der rechten Hand vor und spanne den linken Zügel leicht an.

Wenn du nach rechts reiten willst, machst du alles anders herum.

Deine erste richtige Reitstunde

Bald reitest du bestimmt mit anderen Kindern in einer „Abteilung" (= Gruppe) durch die Reithalle – in einer langen Reihe, immer hinter dem „Tetenreiter" (= Anfangsreiter) her. In der Mitte steht der Reitlehrer und gibt Kommandos, die alle befolgen müssen. Der Tetenreiter zeigt, wie's geht.

Wichtig ist, dass du nicht zu viel und nicht zu wenig Abstand zu dem Pferd vor dir hältst. Wenn du durch die Ohren deines Pferdes die Hinterfüße des Vorderpferdes sehen kannst, stimmt der Abstand.
In den Reitstunden lernst du sicher bald verschiedene Hufschlagfiguren kennen. Das sind genau festgelegte Pfade durch die Reitbahn.

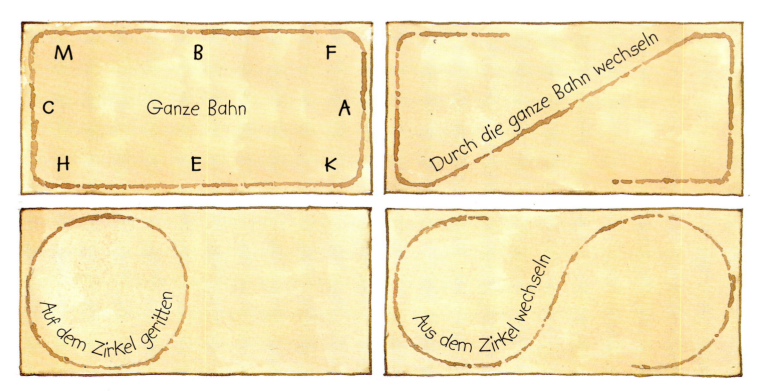

Siehst du die Buchstaben?
Die Buchstaben auf der Reitbahn helfen dir die verschiedenen Hufschlagfiguren zu reiten.
Am besten merkst du sie dir mit diesem Satz:
Mein **B**ester **F**reund **A**lbert **K**aut **E**ine **H**albe **C**itrone.

Übrigens: Wenn ihr <u>im</u> Uhrzeigersinn reitet, heißt das „auf der rechten Hand". Wenn ihr <u>gegen</u> den Uhrzeigersinn eure Runden dreht, nennt man das „auf der linken Hand".

Weil auf einer Reitbahn meist mehrere Reiter unterwegs sind, müssen alle Regeln beachten, damit keine Unfälle passieren. Hier die wichtigsten Regeln auf einen Blick:
- Schau immer, was die anderen Reiter machen. Wenn du nach unten guckst, kannst du nicht sehen, ob jemand gerade deinen Weg kreuzt.
- Wenn du Schritt reiten oder anhalten möchtest, gehst du in die Mitte der Bahn, sodass die anderen außen an dir vorbeireiten können.

Reiter auf der linken Hand haben „Vorfahrt" und Reiter auf der rechten Hand weichen ihnen aus.

Danke schön!

Nach dem Reiten wird zuerst abgetrenst:

1. Löse Nasen- und Kehlriemen. Lege die Zügel hinter die Ohren auf das Kopfstück der Trense. Ziehe das Kopfstück über die Ohren nach vorn.

2. Ziehe dem Pferd ein Halfter an und binde es fest.

3. Gebiss auswaschen und Trense aufhängen – fertig!

Dann wird abgesattelt:
1. Schiebe die Steigbügel bis zur Schnalle hoch.
2. Löse den Gurt auf der linken Seite.
3. Gehe um das Pferd herum und lege den Gurt von rechts über den Sattel.
4. Zurück auf der linken Seite, hebst du Sattel und Satteldecke mit beiden Hände hoch.
5. Hänge den Sattel auf seinen Sattelbock und die Satteldecke zum Trocknen auf.

Anschließend freut sich das Pferd über Pflege. Dafür brauchst du:

Und so verwöhnst du gemeinsam mit einem erfahrenen Reiter deinen vierbeinigen Freund:
1. Wenn erlaubt, gib ihm zuerst die Gelegenheit, sich auf der Weide oder im Sand genüsslich zu wälzen.
2. Danach spritzt du dem Pferd die Beine ab. Im Sommer kannst du das ganze Pferd abbrausen. Pass auf, dass kein Wasser in die Ohren kommt!
3. Dann ziehst du das Wasser mit einem Schweißmesser ab.
4. Anschließend wischst du mit einem Schwamm die Sattel-, Gurt- und Trensenlage aus und entfernst den Schweiß zwischen den Vorder- und Hinterbeinen.
5. Mit dem anderen Schwamm säuberst du Maulwinkel und Augen.
6. Danach kratzt du die Hufe aus und fettest sie ein- bis zweimal pro Woche mit dem Pinsel ein.
7. Nun putzt du mit der Wurzelbürste die Schweißstellen weg.
8. Dann tastest du den ganzen Pferdekörper vorsichtig nach möglichen Druckstellen und Verletzungen ab.
9. Jetzt führst du das Pferd so lange umher, bis es trocken ist. Langes Winterfell reibst du zusätzlich mit etwas Stroh trocken.
10. Zum Schluss bedankst du dich beim Pferd für die tolle Zusammenarbeit – auch wenn es mal nicht so gut geklappt hat. Nach einer Portion Möhren oder Äpfel, ein paar liebevollen Worten und Streicheleinheiten wird das Pferd dich in guter Erinnerung behalten.

Die verschiedenen Reitweisen

Je mehr du mit Pferden zu tun hast, desto neugieriger wirst du auf die verschiedenen Reitweisen.

Dressurreiten: Von Natur aus sind Pferde es nicht gewöhnt, auf Kommandos zu hören und Lasten zu tragen oder zu ziehen. Das Dressurreiten fördert den Gehorsam der Tiere und stärkt ihre Muskeln. Darum ist die Dressur für alle Reit- und Fahrpferde wichtig. Außerdem ist das Dressurreiten ein spezieller Turniersport. Sehr gute Reiter können ihr Pferd zum Beispiel auf der Stelle traben lassen.

Springreiten: Pferd und Reiter überwinden verschiedene Hindernisse. Dazu gehören Rick, Oxer, Gatter, Mauer und Wassergraben. Gar nicht so einfach! Junge Reiter beginnen mit einfachen Hindernissen. Sie legen eine Stange auf den Boden und springen mit dem Pferd darüber. Nach und nach wird die Stange immer höher aufgehängt. Wenn sie mal runterfällt, ist das nicht schlimm.

Vielseitigkeit: Sie wird auch „Krone der Reiterei" genannt. Denn hier messen sich Reiter im Springen, in der Dressur und darüber hinaus in Geländeprüfungen. Dabei müssen sie feste Hindernisse, zum Beispiel Baumstämme, überwinden.

Westernreiten: Wie die Cowboys im Wilden Westen halten die Reiter die Zügel nur mit einer Hand. Denn die andere Hand brauchen sie für das Lasso, mit dem sie ein Rind einfangen wollen. Dafür ist es auch wichtig, dass Westernreiter aus vollem Galopp anhalten können – ohne dabei stark an den Zügeln zu ziehen und dem Pferd so wehzutun.

Distanzreiten: Das ist ebenfalls ein richtiger Leistungssport, für den Vollblüter am besten geeignet sind. Stell dir vor: An einem einzigen Tag schaffen sie 160 Kilometer! Das ist so weit wie von Münster nach Köln.

Gangpferdereiten: Diese Reitweise ist nur mit Pferden möglich, die als zusätzliche Gangarten den Tölt und den Pass haben – wie die Islandpferde. Weil Tölt und Pass für den Reiter so bequem sind, ist Gangpferde- reiten vor allem für Wanderritte prima.

Dein erster Ausritt

Wenn du dich im Schritt, Trab und Galopp sicher fühlst, kommt bald der große Tag, an dem du zum ersten Mal ausreitest – für Pferd und Reiter einfach das Allerschönste! Damit keine Unfälle passieren, musst du ein paar Regeln beachten:

- Mache dich niemals allein auf den Weg, sondern immer gemeinsam mit erfahrenen Reitern.
- Reite nur auf einem ruhigen Pferd aus.
- Benutze nur gekennzeichnete Reitwege. Querfeldein darfst du nicht reiten, weil Wildtiere und Pflanzen darunter leiden würden.
- Wenn du auf Spaziergänger, Radfahrer oder Jogger triffst, reite nicht schneller als Schritt. Denn manche Menschen haben Angst vor Pferden und du solltest sie nicht erschrecken.
- Wenn du gemeinsam mit anderen ausreitest, gibt der Tetenreiter die Kommandos. Er sollte immer früh genug einen Gangartenwechsel ansagen.

- Überholen verboten! Besonders im Galopp ist es sehr gefährlich, den Vordermann zu überholen. Denn daraus kann schnell eine riskante Jagd werden. Wenn du merkst, dass dein Pferd losstürmt, ruf sofort nach vorn, dass die anderen langsamer reiten und zum Schritt kommen sollen.

- Stürzt jemand vom Pferd, müssen sofort alle anhalten. Kümmert euch zuerst um den Reiter, dann um das Pferd!
- Wenn ihr im Dunkeln reitet, zieht reflektierende Sachen an und nehmt Lampen mit. Für Pferde gibt es Leuchtbandagen und reflektierende Satteldecken.
- Zwischen Mai und November solltet ihr früh morgens vor und abends nach der Dämmerung nicht im Wald reiten. Denn zu dieser Zeit wird gejagt.
- Besonders viel Spaß macht es, im Herbst über Stoppelfelder zu reiten. Am besten fragt ihr vorher den Bauern, ob er damit einverstanden ist.

Ein lustiges Stallfest

In einem Reitstall lernst du schnell viele andere Kinder kennen und schließt Freundschaften. Habt ihr Lust, ein lustiges Stallfest zu veranstalten? Dann fragt zunächst den Stallbesitzer, ob ihr gemeinsam mit ihm eine Party feiern dürft. Wenn ja, malt als Erstes ein großes Plakat und hängt es ans schwarze Brett.

Dann ist die Dekoration an der Reihe. Stellt lange Tische auf und legt Strohballen als Bänke drumherum.

Gut macht sich auch eine Papiertischdecke, auf die ihr Hufeisen und Pferde malt und dazu die Namen eurer vierbeinigen Freunde schreibt. Ein bisschen Heu und Stroh, hier und da verteilt, sieht bestimmt auch hübsch aus. Zu einem richtigen Reiterfest gehören natürlich auch pferdestarke Spiele. Zwei findet ihr auf der nächsten Seite.

Für die „Wäscheleine" braucht ihr:
- ♘ eine etwa drei Meter lange Wäscheleine
- ♘ zwei Hindernisständer
- ♘ zehn Wäscheklammern
- ♘ fünf Paar bunte Socken
- ♘ einen Wäschekorb

Spannt die Leine und hängt die Socken daran. Dann reitet ein Kind los und versucht – ohne abzusteigen – zwei gleiche Socken von der Leine zu holen und in den Korb zu werfen.

Fürs „Apfelbeißen" braucht ihr:
- ♘ eine mit Wasser gefüllte Plastikschüssel
- ♘ einen Strohballen
- ♘ pro Teilnehmer einen Apfel

Zuerst stellt ihr die Schüssel auf den Strohballen und legt die Äpfel hinein. Jetzt muss ein Kind nach dem anderen zur Schüssel reiten, absteigen und – ohne Hände! – versuchen mit den Zähnen einen Apfel aus der Schüssel zu fischen. Anschließend legt ihr den Apfel auf die ausgestreckte Hand und gebt sie eurem Pony.

Kleines Quiz für große Pferdefans

Teste dein Pferdewissen mit diesem kleinen Quiz! Wie wär's, wenn du mit deinen Freundinnen und Freunden einen kleinen Wettbewerb daraus machst? Wie viele Punkte es für jede richtige Antwort gibt, steht in den Klammern hinter den Fragen. Viel Spaß!

1. Welche drei Grundgangarten gibt es? (3 Punkte)

Schritt, Trab und Galopp

2. Islandpferde haben zwei zusätzliche Gangarten. Welche sind das? (2 Punkte)

Tölt und Pass.

3. Woran misst man die Größe eines Pferdes? (1 Punkt)

Am Widerrist.

4. Pferde sind Fluchttiere. Woran erkennst du das? (1 Punkt)

Wenn sie sich erschrecken, galoppieren sie weg.

5. Früher haben Kaltblüter Pflüge und Bierwagen gezogen. Wo arbeiten sie heute? (1 Punkt)

Sie arbeiten im Wald und ziehen Baumstämme.

6. Welche Farben hat ein Falbe? (3 Punkte)

Ein Falbe ist beige mit schwarzer Mähne und schwarzem Schweif.

7. Was ist ein Milchmaul? (1 Punkt)

Ein Abzeichen, das aussieht, als hätte das Pferd seine Nase in eine Schüssel mit Milch getaucht.

8. Wie sieht ein ängstliches Pferd aus? (3 Punkte)

Ein ängstliches Pferd legt seine Ohren an, bläht seine Nüstern und macht die Augen weit auf.

9. Was gehört alles zur Vielseitigkeitsreiterei? (3 Punkte)

Dressur, Springen und Geländeprüfungen.

10. Wie verhält sich ein Pferd, das eine Kolik hat? (3 Punkte)

Es ist unruhig, wälzt sich oft und wendet den Kopf zum Bauch.

11. Wie nennt man ein weibliches Pferd, wie ein männliches und wie ein Pferdekind? (3 Punkte)

Ein weibliches Pferd heißt Stute, ein männliches Hengst oder Wallach. Pferdekinder werden Fohlen genannt.

12. Was ist eine Longe? (1 Punkt)

Eine lange Leine, an der das Pferd um den Reitlehrer herum läuft.

13. Im Stall: Warum ist ein Fenster nach draußen oder eine geteilte Tür für Pferde so wichtig? (2 Punkte)

So bekommen sie frische Luft und sehen, was um sie herum passiert.

14. Was gehört zum Raufutter? (2 Punkte)

Heu und Stroh.

15. Warum solltest du ein Putzzeug-Set nur für <u>ein</u> Pferd verwenden? (1 Punkt)

Damit keine Krankheiten übertragen werden.

16. Woran erkennst du ein gesundes, gut gefüttertes Pferd? (1 Punkt)

Es hat ein glänzendes Fell.

17. In der Reitbahn: Was bedeutet „auf der rechten Hand"? (1 Punkt)

Du reitest im Uhrzeigersinn.

18. Warum ist es so wichtig, vor und nach dem Reiten die Hufe auszukratzen? (2 Punkte)

Damit sie von Schmutz und Steinchen keine Entzündungen oder Druckstellen bekommen.

19. Was bedeutet „nachgurten"? (1 Punkt)

Überprüfen, ob der Sattelgurt stramm genug sitzt.

20. Beim Ausritt: Was machst du, wenn du Fußgängern, Radfahrern oder Joggern begegnest? (1 Punkt)

Nicht schneller als Schritt reiten, damit sich niemand erschreckt.

Hast du alle Punkte der richtigen Antworten zusammengezählt?
Dann kannst du hier nachlesen, wie gut du dich schon mit Pferden auskennst.

0 bis 12 Punkte:

Vielleicht waren die Fragen etwas zu schwer für dich. Am besten liest du das Buch einfach noch einmal. Dann kannst du bestimmt bald alle Fragen beantworten. Viel Glück!

13 bis 25 Punkte:

Du weißt schon ziemlich viel und bist auf dem besten Weg, ein echter Pferdekenner zu werden. Beim nächsten Mal erreichst du sicher noch mehr Punkte.

26 bis 36 Punkte:

Herzlichen Glückwunsch! Du hast jede Menge Fachwissen. Bestimmt beschäftigst du dich schon länger mit Pferden. Weiter so!